Dieses Buch gehört:

~~~~~~~~~~~~~~~~~~~~~~~~

Rainer Wolke

Das große Turnier

Paule und seine Fußballfreunde

Lesen lernen

Erstleser

2. Klasse

Klett Lerntraining

Bibliografische Information der Deutschen Nationalbibliothek
Die Deutsche Nationalbibliothek verzeichnet diese Publikation in der
Deutschen Nationalbibliografie; detaillierte bibliografische Daten sind
im Internet über http://dnb.dnb.de abrufbar.

1. Auflage 2016

© 2016, DFB
Offizielles Lizenzprodukt des Deutschen Fußball-Bundes, hergestellt durch
PONS GmbH, Klett Lerntraining, Stöckachstraße 11, 70190 Stuttgart.

© Klett Lerntraining, c/o PONS GmbH, Stuttgart 2016. Alle Rechte vorbehalten.
www.klett-lerntraining.de
Teamleiterin Grundschule und Kinderbuch: Susanne Schulz
Redaktion: Jette Maasch, Julia Maisch
Umschlaggestaltung und Layout: Sabine Kaufmann, Stuttgart
Autor: Rainer Wolke
Illustrationen: Julian Jordan, Farbe Iñigo Moxo/Comicon, Barcelona
© 2014, DFB, Story- und Lizenz-Styleguide, Paule und seine Freunde
Satz: tebitron gmbH, Gerlingen
Druck: Aumüller Druck GmbH & Co. KG, Regensburg
Bindung: Conzella Verlagsbuchbinderei Urban Meister GmbH & Co KG, Pfarrkirchen
Printed in Germany
ISBN 978-3-12-949403-5

Der geheimnisvolle Brief   4

Wir brauchen Schnelligkeit!   10

Paule findet eine Lösung   16

Streit kurz vor Anpfiff   20

Paules Fußball-Quiz   28

Paules Lese-Pass   32

Der geheimnisvolle Brief

Nach der Schule ist Paule
mit seinen Freunden verabredet.
Treffpunkt: vor der Schule.
Seinen Ball hat er natürlich dabei,
denn sie wollen kicken.
Doch als er aus dem Gebäude kommt,
wartet eine Überraschung auf ihn.

Winnie Wieslinger und Franziska Fux
winken ihm schon von Weitem zu.
„Paule, beeil dich mal!",
ruft Winnie aufgeregt.
Dabei wedelt er mit einem Zettel.
Paule rennt los.
Als er näher kommt, sieht er:
Der Zettel ist ein Brief.

„Mach schon auf!",
drängelt Winnie ungeduldig.
Doch Paule wartet,
bis alle Freunde eingetroffen sind.
Endlich kommen auch Emil Erdreich,
Henri Hüpfer und Katy Karniggl.
Benni Bellinger ist wie immer
der Letzte.

Paule öffnet den Umschlag.
„Einladung zum Frühlingsturnier",
liest er vor.
„Acht Mannschaften können teilnehmen.
Der Sieger erhält einen großen Pokal."
Winnie macht einen Luftsprung:
„Den stemme ich mit links!"
„Erstmal müssen wir gewinnen",
bremst Paule seinen Freund.
„Die Gegner sind bärenstark.
Wir müssen richtig gut trainieren!"

Sofort beginnen sie mit dem Training.
„Wir müssen gute Tricks beherrschen",
ist sich Winnie sicher.
„Damit können wir alle ausspielen!"
Franziska stimmt ihm zu:
„Lasst uns fleißig Finten üben!",
feuert sie ihre Freunde an.
Alle geben ihr Bestes.
Bald beherrschen die Freunde
tolle Tricks mit dem Ball.

„Gut, Leute!", fordert Paule am Abend.
„Jetzt schauen wir mal,
was wir heute gelernt haben!"
Sie machen ein Spiel drei gegen drei.
Katy ist die Schiedsrichterin.
Jeder probiert seine neuen Tricks aus.
Manche sind wirklich zirkusreif.
Aber mit Fußballspielen
hat das nichts zu tun.
Jeder spielt für sich.
„So wird das nichts", grübelt Paule.

Wir brauchen Schnelligkeit!

Am nächsten Tag kommen
alle wieder zum Baumhaus.
„Ich will den Pokal!", knurrt Winnie.
„Aber gute Tricks alleine
reichen nicht aus", sagt Paule.
„Wir müssen anders trainieren,
wenn wir gewinnen wollen!"

Die Freunde grübeln lange.
Dann klatscht Henri in die Hände.
„Ich hab's, Leute!", jubelt er.
„Wir brauchen Schnelligkeit.
Wenn alle so flink sind wie ich,
laufen wir
den anderen Teams davon!"

Winnie ist begeistert.
Er beginnt gleich mit Dehnübungen,
um seine Muskeln warm zu machen.
Auch die anderen finden
Henris Vorschlag super.
Paule jedoch ist sich nicht so sicher.
„Schnelligkeit ist gut", murmelt er.
„Aber wir wollen doch Fußball spielen,
keinen Wettlauf gewinnen."

Bald darauf sind sie im Wald.
Henri flitzt mit hohem Tempo voraus.
„Kommt, Leute!",
feuert er seine Freunde an.
„Ihr müsst so schnell und lange
laufen können wie ich.
Dann lassen wir jeden Gegner stehen!"
Alle geben sich große Mühe.
Sie rennen, was die Schuhe hergeben.

Henri ist als Erster wieder zurück.
Er fühlt sich frisch und gut.
Kurz darauf erscheinen auch
Paule, Franzi und Winnie.
Sie sind ganz schön außer Atem.
Aber wo sind Katy und Emil?
Da stolpern sie auf die Wiese.
Sie schnaufen wie alte Lokomotiven.
Benni Bellinger ist der Letzte.
Er wirft sich mit letzter Kraft ins Gras.

„Super Training!", freut sich Henri.
„Und jetzt machen wir ein Spiel!"
Katy schüttelt den Kopf:
„Ich kann keinen Meter mehr laufen."
Auch Emil will nicht mehr.
„Ich gehe nach Hause", japst er.
Benni rollt nur mit den Augen.
Auch Paule ist müde.
„Wir machen Schluss für heute",
verkündet er.
„Für morgen denke ich mir etwas aus."

Paule findet eine Lösung

Als alle Freunde gegangen sind,
schnappt sich Paule den Ball.
Er jongliert ihn geschickt.
So kann er am besten nachdenken.
„Mit Tricks allein kann man
kein Turnier gewinnen", murmelt er.
„Und mit Schnelligkeit auch nicht."
Lange überlegt er.
Dann hat er die Lösung.

Am nächsten Tag sind alle gespannt.
„Um gut Fußball zu spielen,
muss eine Mannschaft vieles können",
beginnt Paule zu sprechen.
„Tricks und Schnelligkeit
gehören dazu, aber noch mehr.
Jeder von uns hat seine Stärken.
Und wenn jeder eine Position hat,
die seinen Stärken entspricht,
werden wir als Team unschlagbar!"

„Laufen ist einfach nichts für mich",
sagt Benni grinsend.
„Dafür habe ich alles gut im Blick."
Alle stimmen zu, und Paule beschließt:
„Dann bist du unser Torwart."
Gleich geht Benni ins Tor.
„Ich schieße den Torwart ein",
erklärt Winnie und schießt.
Benni stellt sich nicht schlecht an.
Aber die meisten Schüsse
landen trotzdem im Tor.

„Ich bin doch kein so guter Torwart",
sagt Benni traurig.
Da hebt Katy den Finger.
„Ich hätte da eine Idee.
Benni, stell dir einfach vor,
die Bälle wären Torten!"
Den nächsten Ball hält Benni
mit einer Glanzparade.
Alle lachen, am meisten Benni.
So gut gelaunt trainieren sie
die ganze Woche weiter.

Streit kurz vor Anpfiff

Der Tag des großen Turniers ist da.
Paule liest die Mannschafts-
aufstellung vor:
„Benni im Tor ist ja schon klar",
beginnt er mit der Aufzählung.
„Katy und Emil übernehmen die Abwehr,
Franzi ist unsere Stürmerin
und Winnie, Henri und ich
spielen im Mittelfeld."

Alle sind einverstanden.
Jetzt geht es zum Turnier.
Die Stimmung ist bestens.
„Der große Pokal ist unser",
jubelt Winnie selbstbewusst.
„Wo stellen wir ihn denn hin?",
fragt Benni aufgeregt.
„Moment!", unterbricht Katy plötzlich.
„Eine Sache ist noch offen."

Die Freunde sehen Katy gespannt an.
„Was denn?", fragt Paule nach.
„Falls es überhaupt dazu kommt:
Wer schießt bei uns die Elfmeter?",
will Katy Karniggl wissen.
„Du meinst die Siebenmeter.
Wir spielen ja nur
auf einem kleinen Feld", erklärt Emil.
Sofort schnappt Winnie sich den Ball.
„Na ich!", posaunt er.
„Da kann man zum Helden werden!"

„Nein, ich!", ruft Henri.
Schnell nimmt er Winnie den Ball ab.
„Hey!", protestiert Franziska.
„Da habe ich ja wohl auch
ein Wörtchen mitzureden.
Ich kann auch super schießen!"
„Es gibt viele Torhüter,
die gute Siebenmeter schießen",
ruft Benni.
„Ich mach's!"

Bald ist ein großer Streit im Gange.
Jeder will den Strafstoß schießen.
Die Vorbereitung auf das Turnier
verlief super.
Aber nun will plötzlich keiner mehr
mit dem anderen zusammenspielen.
„Wenn ich nicht schießen darf,
komme ich gar nicht erst mit",
grummelt Winnie sogar.

Da wird Franziska richtig sauer.
„Das ist Erpressung!",
faucht sie Winnie Wieslinger an.
„Freunde machen so etwas nicht."
Winnie schimpft zurück:
„Du willst ja nur selber
die Heldin sein",
wirft er Franziska vor.
Paule versucht zu schlichten:
„Lasst uns das doch im Team klären!"

Da räuspert sich Emil Erdreich.
„Wenn ich auch etwas sagen dürfte",
bittet er höflich.
Dann stellt er eifrig
seine geliebte Taktiktafel auf.
„Ich habe das mal berechnet",
sagt er bescheiden.
„So muss der perfekte Siebenmeter
geschossen werden."

„Das ist doch die Lösung", ruft Katy.
„Emil schießt die Siebenmeter!"
Emil wird rot.
„Ich traue es mir schon zu", sagt er.
„Außerdem merkt der Torwart nicht,
wohin ich schaue!"
Schmunzelnd zeigt er auf seine Brille.
„Jetzt steht dem Pokal
nichts mehr im Weg", glaubt Paule.
„Das Wichtigste ist doch,
dass wir ein Team sind!"

Paules Fußball-Quiz

1 Womit warten Winnie und Franziska auf Paule vor der Schule?

- A ○ mit einem Paket
- M ○ mit einem Brief
- C ○ mit einer Postkarte

2 Zu welchem Turnier werden die Freunde eingeladen?

- I ○ Frühlingsturnier
- B ○ Winterturnier
- L ○ Herbstturnier

3 Was trainieren die Freunde zuerst?

U ◯ Siebenmeterschießen

M ◯ Zweikampf

T ◯ Tricks mit dem Ball

4 Wie findet Paule Henris Vorschlag, die Schnelligkeit zu trainieren?

B ◯ Er findet den Vorschlag spitze.

K ◯ Ihm gefällt der Vorschlag überhaupt nicht.

T ◯ Er ist sich nicht sicher, ob Schnelligkeit die richtige Lösung ist.

5 Wer kommt beim Rennen als Letzter ins Ziel?

X ◯ Franzi

E ◯ Benni

L ◯ Emil

6 **Weshalb können die Freunde nach dem Waldlauf kein Spiel mehr machen?**

S ○ Sie haben alle Hunger.
L ○ Sie haben vor lauter Rennen keine Kraft mehr.
V ○ Sie haben Blasen an den Füßen.

7 **Die Lösung für das Problem kommt Paule ...**

F ○ ... als er mit dem Ball jongliert.
P ○ ... als er mit dem Ball dribbelt.
W ○ ... als er ins leere Tor schießt.

8 **Benni kann die Bälle im Tor gut halten, ...**

A ○ ... weil er so groß ist.
E ○ ... weil er sich vorstellt, die Bälle seien Torten.
J ○ ... weil er ausgeschlafen ist.

9 **Warum kommt es vor dem großen Turnier zum Streit?**

B ⭕ Jeder möchte im Mittelfeld spielen.

B ⭕ Niemand möchte auf der Ersatzbank sitzen.

L ⭕ Jeder möchte die Siebenmeter schießen.

10 **Wieso ist sich Paule am Ende so sicher, dass er und seine Freunde den Pokal gewinnen werden?**

S ⭕ weil sie die schönsten Trikots haben

D ⭕ weil sie ein gutes Team sind

O ⭕ weil sie den besten Stürmer haben

Mach mit beim großen Paule-Gewinnspiel!

Hast du das Lösungswort gefunden?

Hier kannst du es eintragen:

◯ ◯ ◯ ◯ ◯ ◯ ◯ ◯ ◯

Schicke uns dein Lösungswort und gewinne mit etwas Glück ein offizielles Spiele-Set mit Paule und der Nationalmannschaft für die ganze Familie!

Das kannst du gewinnen*

3D-Puzzleball: Die Nationalmannschaft 2016

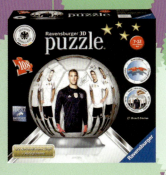

Paule Memo

Monopoly: Die Nationalmannschaft 2016

Produktabbildungen sind teilweise vorläufig

Schicke dein Lösungswort (per Mail oder Post) an:
PONS GmbH
Klett Lerntraining, Marketing
Kennwort: „Paule"
Stöckachstraße 11
70190 Stuttgart   oder an: lerntraining@klett-lerntraining.de

*Verlost wird jedes Jahr 10 x ein Set aus offiziellen Spielen mit der Nationalmannschaft und Paule. Einsendeschluss ist der 30.11. jeden Jahres, letzter Einsendeschluss ist der 30.11.2017, die Verlosung findet jeweils zum Ende des Jahres statt. Teilnahmebedingungen:
Die Teilnahme ist kostenlos. Die Gewinner werden per Los ermittelt und schriftlich benachrichtigt. Mitmachen können alle, außer Mitarbeiter der Klett-Firmengruppe oder deren Familienangehörige. Die Teilnahme Minderjähriger ist nur mit Einwilligung der Erziehungsberechtigten zulässig. Der Rechtsweg ist ausgeschlossen. Es erfolgt keine Barauszahlung der Gewinne. Veranstalter ist die PONS GmbH, Klett Lerntraining, Stuttgart.

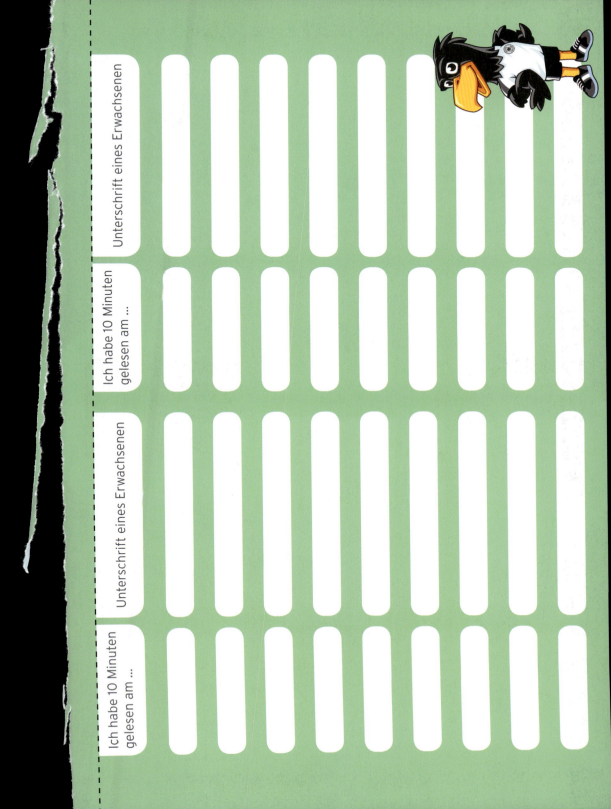

Paules Lese-Pass

Name: